Qi Gong Standübungen

einschließlich die

5 Tiere Positionen

Hartmut von Czapski

Fotos Ellen von Czapski

Hartmut von Czapski

Qi Gong
Standübungen

einschließlich die

5 Tiere Positionen

Impressum

Bibliografische Information der Deutschen Nationalbibliothek:
Die Deutsche Nationalbibliothek verzeichnet diese Publikation in der
Deutschen Nationalbibliografie; detaillierte bibliografische Daten sind im
Internet über http://dnb.dnb.de abrufbar.

Herstellung und Verlag: BoD – Books on Demand, Norderstedt

ISBN: 9783744809665

Qi Gong Standübungen

Inhalt..

Über die Person..10-11

Qi Gong..12-13

Wichtige Energiezentren.....................................14-15

Energie Aufnahme und Abgabe Punkte..................16-17

Die Atmung..18

1) Grundstand...19-23

2) Erdposition..24-25

3) Untere Baumposition.................................26-27

4) Obere Baumposition..................................28-29

5) Kuanyinposition...30

6) Stab-halte-Position...32

7) Flußposition..34-35

8) Herzübung 36-37

9) Reiherposition..38-39

10) Energieaufnahme in der Natur..................40-41

11) Energiespirale..42

12) Luohan Übung 1...44-45

13) Luohan Übung 2...46

14) Luohan Übung 1 für Fortgeschrittene............47

15) Luohan Übung 2 für Fortgeschrittene............48

16) Energiekugel..49

17) Yin und Yang Übung....................................50

18) Adlerübung...52-53

19) Die 5 Tiere Standpositionen........................54

20) Der Affe...56-57

21) Der Hirsch...58

22) Der Bär...59

23) Der Tiger...60

24) Der Kranich...61

Über die Person

Hartmut von Czapski

Heilpraktiker seit 1984. Seit 1987 Ausübung der Akupunktur(Lehrerin Fr. Dr. Li Te, Chefärztin der Nankei Klinik). Mehrere Aufenthalte in China mit Fachfortbildungen.

1987 Wissenschaftliche Weiterbildung der Uni. Tübingen bestanden: „Ökologie und ihre biologischen Grundlagen".

Seit 1990 Seminare, Yoga und Qi Gong Kurse an verschiedenen V.H.S. der Umgebung. U.a. 25 Jahre Tätigkeit an der V.H.S. Wesel. Seit 1990 weit über 1000 Qi Gong Unterrichtsstunden abgehalten.

Qi Gong Lehrer 49009 des Mi Gong Rulai Buddhistisches Zentrum für Qi Gong, Shanghai.

Ausbildung zum Qi Gong Therapeuten durch Prof. Wu, Shanghai.

Vorträge bei verschiedenen Fachmessen und in der Erwachsenenbildung über medizinische Themen und die T.C.M.

1999 Akupunktur-Fachfortbildung für Zahnärzte; Lehrertätigkeit an der HP Schule Dinslaken, Kurse über verschiedene Therapien(Homöopathie, Ausleitungsverfahren, FRZM, u.a.).

Unterrichtete Qi Gong Formen:

Medizinisches Qi Gong nach Prof.Wu.

Taiji-Qigong nach Li Ding.

Zehn Meditationen auf dem Berg WU DANG.

Die Achtzehnfache Methode der Übung.

Die „Bewegungen der 5 Tiere“.

Qi Gong nach Guo Lin zur Immunstärkung.

Die „Acht eleganten Übungen. “

Wai Dan Gong

Tai Chi für Anfänger nach Dr. Jiang Hao-quan.

Und vieles mehr.

Qi Gong

Der Begriff "Qi Gong" umfasst verschiedene Arten von Übungen um das "Qi", die Lebensenergie, aufzunehmen und in den Energieleitbahnen, den so genannten "Meridianen", fließen zu lassen. Es ist eine Substanz, die man normalerweise nicht sehen und nicht tasten, aber fühlen kann. Die alten chin. Philosophen dachten, dass Qi eine Ursprungssubstanz ist, die beim Urknall entstand.

Nach der chin. med. Auffassung ist Qi eine kontinuierlich bewegte und aktive Substanz, die Grundsubstanz, aus der Körper entstehen. Qi erhält die menschlichen Lebensfunktionen. Nach der Definition ist Qi im Qi Gong eine "Essenz"- Substanz im Körper mit einer bestimmten Energie. Qi kann im Körper gebildet, entwickelt, umgewandelt und bewegt werden. Die Atmung bewegt die Energie in den Meridianen. Aber auch nach langer Übung des Qi Gong kann man das Qi mit dem Geist im Körper bewegen und aufnehmen.

Diese Körper- und Atemübungen haben eine mindestens 4000 Jahre alte Tradition in China, wie man durch Beschreibungen auf Grabbeigaben feststellen konnte. Man unterscheidet die verschiedensten Arten von Übungen. Einerseits das weiche Qi Gong, dass viele meditative, auf der Vorstellungskraft beruhende Elemente enthält und oft im Sitzen oder Liegen durchgeführt wird. Andererseits kennen wir das harte Qi Gong, das auch die Muskulatur und die Sehnen stärkt und die inneren Organe massiert. Man denke z.B. an die Leistungen der Shaolin Mönche im Kung Fu oder an die akrobatischen Fähigkeiten der Schauspieler der Peking Oper. Doch Qi Gong Übungen stärken nicht nur den Körper, sondern beruhigen auch den Geist und regulieren das vegetative Nervensystem.

Eine besondere Form ist das therapeutische Qi Gong, das bestimmte Übungen bei bestimmten Erkrankungen vorschreibt. Wie jede empirische Wissenschaft wird Qi Gong auch immer weiterentwickelt. So wurden in den letzten Jahrzehnten z.B. bestimmte neue Übungen zur Krebsbekämpfung durch ihre guten Erfolge berühmt(Qi Gong nach Guo Lin zur Immunstärkung). Das Bluthochdruckforschungsinstitut Shanghai hat bereits 1978 Arbeiten mit Berichten über Veränderungen veröffentlicht, die Qi Gong im EKG und EEG bewirkt. Es wurden weiterhin Arbeiten darüber veröffentlicht, dass unser sympathisches Nervensystem, das durch dauernden Stress überaktiv ist, durch Qi Gong eine Entspannung durch Überwiegen des Parasympathikus erreicht.

In China gibt es in vielen Krankenhäusern, neben der Abteilung für Schulmedizin eine Abteilung für traditionelle chinesische Medizin. Dazu gehört auch der Behandlungsraum für den Qi Gong Therapeuten. Hier werden dem Patienten nicht nur Übungen beigebracht die er zuhause regelmässig üben soll, der Therapeut führt dem Patienten auch Energie zu, die er selber aufgenommen hat.

Die Ausbildung zum Qi Gong Therapeuten ist normalerweise langwierig. Nach 5 Jahren Übung kann man Qi Gong Übungen lehren, nach 10 Jahren auch therapieren. Herr von Czapski ist von Prof. Wu zum Qi Gong Therapeuten ausgebildet worden.

Wichtige Energiezentren

"Echtes" Dantian. Liegt zwischen Bauchnabel und Wirbelsäule.

Unteres Dantian, etwa 2 Querfinger breit unter dem Bauchnabel. Ca. auf Höhe des Akupunktur Punktes" Qi Hai", Meer der Energie.

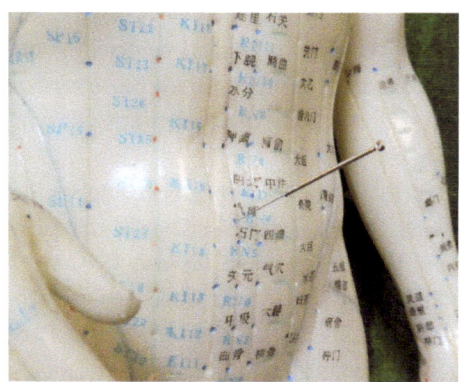

Mittleres Dantian, Herzzentrum. Auf Höhe einer Kuhle auf dem Brustbein, zwischen den Brustwarzen. Tan Zhong(KG17).

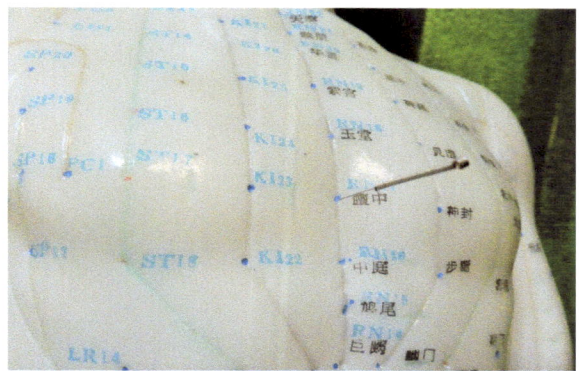

Oberes Dantian, Yintang. Zwischen den Augenbrauen, kurz über der Nasenwurzel.

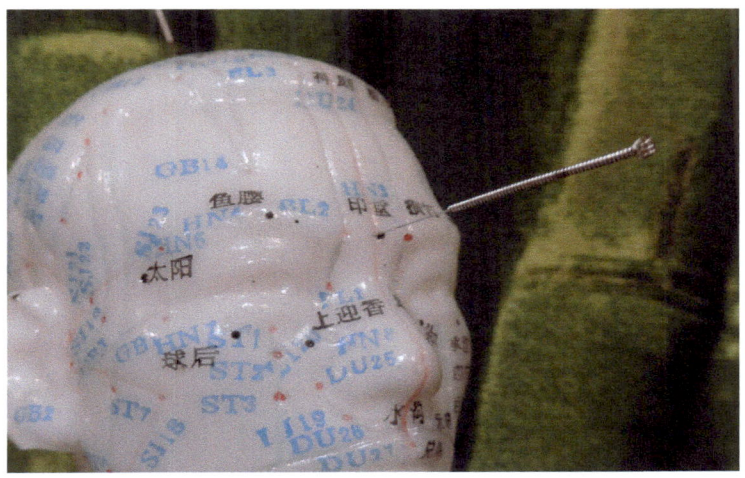

Hui Yen, KG1. In der Mitte des Damms, zwischen Anus und Geschlecht.

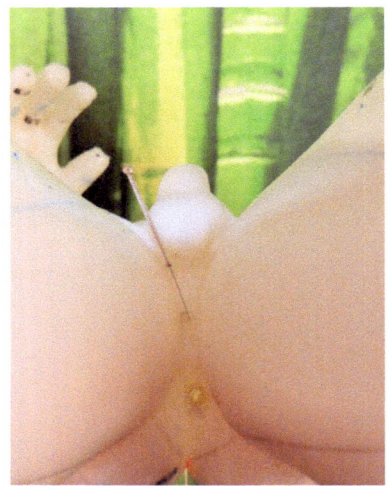

Energie Aufnahme und Abgabe Punkte

<u>Yongchuan</u>. Wenn wir die Zehen "in den Boden krallen" entsteht eine Kuhle unterhalb der Grundzehengelenke. Punkt Niere 1.

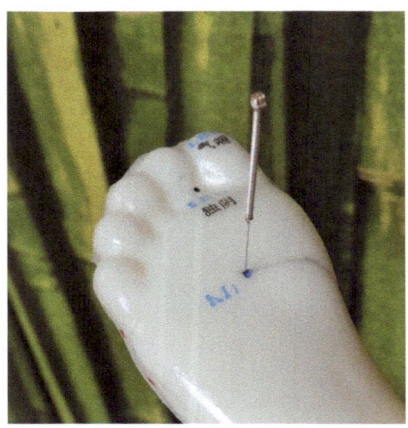

<u>Laogong.</u> Wenn wir die Fingerspitze des Ringfingers in die Handinnenfläche kippen, kommen wir zu diesem Punkt.

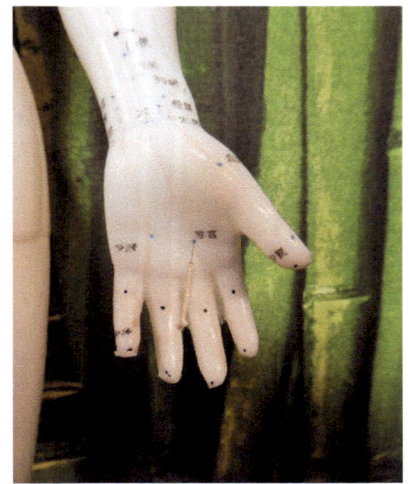

Bai Hui. In der Mitte einer gedachten Linie zwischen den Ohrspitzen in einer kleinen Kuhle gelegen.

Mingmen. Wenn man die Zeigefinger Oberkanten unter den hinteren Rippenbogen legt und die Daumen Richtung Wirbelsäule streckt, kommt man mit den Daumenspitzen zum Mingmen Punkt auf der Wirbelsäule.

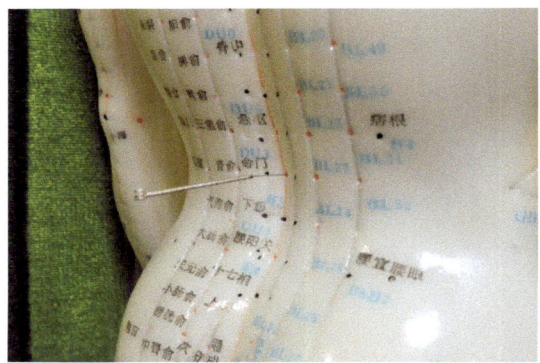

17

Die Atmung

Die Atmung sollte ruhig und regelmässig, tief aber entspannt und harmonisch fließen. Wer die Bauchatmung schon öfters geübt hat, kann diese auch bei den Standübungen durchführen. Sie sollte so selbstverständlich fließen dass man nicht mehr darauf achten muß. Die Konzentration sollte nicht auf der Atmung liegen sondern auf den Energiezentren und Punkten.

Bei der Bauchatmung streckt man den Bauch bei der Einatmung leicht nach vorne und zieht ihn bei der Ausatmung leicht ein. Man atmet nur mit dem Bauch, nicht mit der Brust. Wirkt entspannend und verstärkt das Qi im Dantian. Anfänger sollten es im Sitzen oder Liegen üben. Es ist beim ersten Mal hilfreich eine Hand auf den Bauch und die andere auf die Brust zu legen.

Grundstand

Füße schulterbreit und parallel hinstellen.

Knie etwas anwinkeln, aber nicht über die Fußspitzen hinaus.

Das Becken nach vorne unten kippen, sodass sich die Lendenwirbelsäule begradigt. Bei Menschen mit einem Hohlkreuz ist dies oft am Anfang schwierig, der Oberkörper neigt sich nach hinten. Dies sollte begradigt werden.

Die Wirbelsäule sollte so gerade wie möglich sein.

Das Kinn wird leicht gesenkt, die Halswirbelsäule wird gestreckt.

Alle Nervenimpulse können freier fließen.

Die Schultern zurücknehmen, dann die Arme locker hängen lassen. Die Schultern entspannen. Die Ellbogen leicht zur Seite bewegen. Dadurch entsteht etwas Platz in den Achselhöhlen.

Die Hände sind nicht gestreckt, locker, aber in den Handflächen leicht gespannt um Energie aufzunehmen. Leichte, unwillkürliche Bewegungen der Finger sind bei der Energieaufnahme ein gutes Zeichen.

Wir können uns vorstellen, dass die Füße, wie Wurzeln eines Baumes, in die Tiefe reichen. Der Oberkörper ist beweglich wie die Äste eines Baumes ohne die oben beschriebene Grundposition aufzugeben.

Versuchen Sie zur Ruhe zu kommen, die Natur und die Lebensenergie in ihr in sich aufzunehmen. Dazu sollte die innere Geisteshaltung sein wie ein leerer weißer Raum.

Kontrollieren Sie immer wieder Ihre Position; Becken kippen, Knie locker, u. s.w.

Sie sollten versuchen in dieser Position am Anfang für 5 Minuten zu verweilen. Dazu können wir in die Natur schauen und evtl. ein ruhiges Musikstück hören, das 5 Minuten dauert. Nach einigen Tagen können Sie die Dauer der Übung erhöhen. Die Dauer ist unbegrenzt.

Durch die Beugung von Armen oder Beinen kommt es zu einem leichten Energiestau. Stellen Sie sich eine großes Wasserrohr vor das in ein kleineres mündet, die Fließgeschwindigkeit wird erhöht. Die Meridiane werden sozusagen frei gespült.

Es kann sein, dass Sie ein Muskelzittern verspüren. Das ist vollkommen normal. Blut und Qi wollen sich ihren Weg bahnen. Es ist ein gutes Zeichen. Wenn es zu stark wird, beenden Sie die Übung und gehen etwas umher und lockern Sie Arme und Beine.

Diese Übung verbessert die Gesundheit, beruhigt den Geist, die Lebensenergie fließt freier und wird verstärkt. Auch wenn Sie nur täglich diesen Grundstand üben, wirkt sich dies positiv auf Ihre körperliche und geistige Gesundheit aus.

In dem Klassiker des gelben Kaisers "Nei Jing" aus der Zeit der streitenden Reiche, steht geschrieben: "Gelassen und wunschlos (sein), echte Energie im Fluß, den Geist innen halten, dann kommt keine Krankheit. Mit Atmen Qi (aufnehmen), sich auf sich selbst konzentrieren, den Geist halten; alle Muskeln entspannen." Eine Besonderheit von Qi Gong als Übungsmethode ist, dass man in einen inneren Übungszustand eintreten muss. Körperhaltung und Bewegungen und die Atmung wirken zusammen, Geist und Körper werden entspannt oder angespannt, die Gedanken werden konzentriert und benutzt. Dies alles verstärkt und reguliert jede Organfunktion und regt das Energiepotential des Körpers an. Die Wirkung ist die Gesunderhaltung des Körpers, Krankheitsvorbeugung und ein langes Leben.

Bei vielen Übungsreihen ist es zweckmässig den Grundstand, oder einer der anderen Standpositionen, zwischen den einzelnen Übungsteilen für 1-2 Minuten einzunehmen. Man kann die Wirkung der vorangehenden Übung nachspüren oder die dabei entstandene Energie neu verteilen.

Alle folgenden Übungen haben den Grundstand als Grundlage.

Erd-Position. Die Hände schräg nach vorne ausstrecken. Auf Höhe des unteren Dantian.

Erdenergie aufnehmen mit den Laogong Punkten, durch die Arme und den Körper leiten. Evtl. mit einer Einatmung verbunden. Verbrauchte Energie über die Yongchuan Punkte in den Boden ableiten. Evtl. Mit einer Ausatmung verbunden.

Reinigung und Energieaufnahme.

Untere Baumposition

Arme kreisförmig vor den Unterbauch halten, so als ob man einen Baum umarmt. Die Fingerspitzen sind gegeneinander gerichtet und ca. 3 Querfinger breit auseinander. Die Handinnenflächen sind Richtung unteres Dantian gerichtet.

Wir finden zu unserer Mitte zurück. Ruhige Kraft. Gegen hohen Blutdruck bei regelmäßiger Übung.

Obere Baumposition.

Die Arme nach vorne halten, die Handinnenflächen sind in Richtung Herzzentrum gerichtet, so als umarme man einen Baum. Die Fingerspitzen sind gegeneinander gerichtet und ca. 3 Querfinger breit auseinander. Die Ellbogen soweit nach unten hängen lassen, dass sich die Schultern entspannen.

Das Herzzentrum wird angeregt. Gegen niedrigen Blutdruck und Müdigkeit. Bei hohem Blutdruck und Herzerkrankungen nicht länger als 1-2 Minuten anwenden.

Kuanyin Position.

Die rechte Hand vor die rechte Schulter halten, den Ellbogen nah am Körper. Die Fingerspitzen von Daumen und Zeigefinger berühren einander. Die Handinnenseite ist nach vorne gerichtet.

Die linke Hand liegt vor dem unteren Dantian. Die Handfläche schalenförmig nach oben gerichtet. Die Fingerspitzen von Daumen und Mittelfinger berühren einander.

Bewirkt mehr innere Harmonie und ist gesundheitsfördernd.

Stab-halte-Position.

Rechte Hand vor das Sonnengeflecht halten, so als ob man einen Stab senkrecht hält. Die linke Hand wird schalenförmig vor das untere Dantian gehalten.

Wenn wir durch die obere Hand schauen, blicken wir genau in die Mitte der Handfläche der unteren Hand.

Konzentration auf die Handflächen.

Wirkt stabilisierend. Energie im unteren Dantian wird vermehrt.

Flußposition.

Sie stellen sich vor, Sie ständen in einem Bachlauf. Rechts und links von Ihnen befänden sich große Gymnastikbälle. Die Hände seitlich nach unten ausstrecken , auf Höhe des unteren Dantian, so als hielten Sie diese Bälle im Strom fest. Konzentration auf die Laogong Punkte. Starke Energieaufnahme übe die Laogong Punkte.

Herzposition.

Die Hände werden so gefaltet das die Daumen zwischen den Zeigefingern aneinander liegen. Die kleinen Finger liegen eng geschlossen. Es bildet sich eine Höhlung zwischen den Händen.

Die Hände werden vor das Herzzentrum gehalten. Konzentration auf die Handflächen und die Herzgegend. 1-2 Minuten. Wirkt auf Herz und Herzlichkeit.

Reiherposition.

Knie nebeneinander stellen. Den einen Fuß vorsetzen und das Knie durchstrecken. Das hintere Knie ist gebeugt. Das Hauptgewicht liegt auf dem hinteren Bein. Wichtig ist das beide Knie auf einer Höhe und nebeneinander bleiben. Man kann das Standbein auch nach ein paar Minuten wechseln.

Die Arme ringförmig vor den Oberkörper halten. Als hielte man einen großen Ball. Die Handflächen zeigen in Richtung Tanzhong(Herzzentrum). Die Fingerspitzen zeigen gegeneinander und haben einen Abstand von ca. 3 Quer-Fingerbreiten.

Den Blick nach vorne richten. Schultern locker, Hände locker, Ellbogen etwas abgesenkt.

Eine Position die etwas Übung erfordert. Eine starke Energieaufnahme ist allerdings der Lohn. Druckausgleich zwischen unten und oben. Empfohlen für Qi Gong Lehrer oder Therapeuten.

Energieaufnahme aus der Natur

Füße schulterbreit, parallel. Den linken Fuß nach vorne setzen, Knie durchgestreckt.

Das rechte Bein ist das Standbein, Knie gebeugt.

Die linke Hand neben den linken Oberschenkel halten, Handfläche nach vorne gerichtet.

Die rechte Hand neben die rechte Schulter halten, Handfläche nach vorne gerichtet.

Sich vorstellen das man mit der rechten Hand(Laogong) Energie vom Mond, Sonne oder einem Baum aufnimmt und mit der unteren Hand wieder abgibt.

41

Energiespirale

Grundposition

Sich vorstellen, dass man mit dem Einatmen gute Energie über Bai Hui aufnimmt und spiralförmig, im Uhrzeigersinn, nach unten leitet bis auf Bauchnabelhöhe(Mingmen Höhe).

Mit dem Ausatmen verbrauchte Energie spiralförmig , im Uhrzeigersinn über die Fußsohlen(Yongchuan) in den Boden leiten.

Es kann sein, dass der Körper leicht mitschwingt.

Luohan Übung.

1) Grundposition.

Eine Hand mit gerader Handfläche nach oben gerichtet, auf Dantian legen.

Eine Hand senkrecht, Handfläche zur Seite gerichtet, mit dem Daumen an das Herzzentrum(Tanzhong) legen.

Augen auf den oberen Mittelfinger richten.

Die Energie steigt nach oben. Nicht für Hypertoniker geeignet(RR über 160).

Luohan Übung 2

Übung 1, dann die obere Hand nach unten richten. Daumen bleibt an Thanzhong.

Die untere Hand schalenförmig vor das Dantian halten.

Eine imaginäre Energiekugel halten.

Verbessert die Qualität des Qi, stärkt Herz und Lungen.

Für Fortgeschrittene: Breiter, tiefer Stand. Rücken gerade halten.

Bei 1) untere Hand vor das Geschlecht halten. Schalenförmig nach oben gerichtet. Obere Hand vor das Gesicht halten. Handfläche zur Seite.

Bei 2) untere Hand vor das Geschlecht halten, obere Hand vor den Hals. Eine große imaginäre Kugel halten.

Energiekugel

Grundstand

Hände locker verschränkt unter das Dantian halten. Daumenspitzen berühren sich.

Sich eine leuchtende rotierende Kugel vorstellen. Verstärkt die Energieaufnahme in den Laogong Punkten und Speicherung im Dantian.

Yin und Yang Übung.

Grundstand

Auf Höhe des Dantian Hände geradegestreckt parallel übereinander legen. Sie berühren sich aber nicht. Nur die Daumenspitzen berühren sich.

Ausgleich von Yin und Yang, rechts und links.

Adlerübung

Füße nach außen drehen. Die Zehenspitzen weisen nach außen. Die Fußinnenseiten stehen in einer gedachten Linie nach vorne. Die Knie gebeugt.

Mit den Fingern zwei stark eingeknickte Adlerschnäbel bilden. Alle Fingerspitzen zusammen. Die Hände rechts und links, schräg nach außen, vor den Schultern halten.

Das Qi sammelt sich in den Händen. Der Qi Fluß wird verbessert, die Meridiane verbinden sich. Laufen kann sich verbessern, die Yin Meridiane der Beine werden verstärkt. Aber Yin und Yang kommen ins Gleichgewicht.

Die 5 Tiere Standpositionen Wu Xing Gong

Diese Übungen basieren auf dem Bewegungssystem Wu Xin Xi

(Kunst der 5 Tiere) nach Hua Tuo. Er war ein berühmter Arzt der Östlichen Han Dynastie(bis ca. 220 n.Chr.). Die 5 imitierten Tiere sind:

Tiger, Hirsch, Bär, Affe und Kranich.

Der Tiger ist der König des Waldes, kraftvoll und stark.

Der Hirsch ist schlau, läuft schnell und leicht.

Der Bär ist kraftvoll und ruhig.

Der Affe ist schlau und liebenswürdig.

Der Kranich ist ruhig und entspannt.

Diese Übungen sind auch gut für Kinder zwischen 5 und 15 Jahren.

Sie fördern die Intelligenz, das Immunsystem, die Funktionen der inneren Organe und stärken die Muskeln und Sehnen. Der Qi- und Blutfluß wird gefördert. Yin und Yang harmonisiert. Die Selbstheilungskräfte werden angeregt.

Affen Position.

Den linken Fuß auf den Zehenballen aufsetzen. Der rechte Fuß liegt vollflächig auf.

Die Knie anwinkeln. Das Gewicht auf das rechte Bein verlagern.

Die Finger anwinkeln und zusammen halten. Die linke Hand neben den Kopf.

Die rechte Hand zeigt mit der Handfläche und den Fingern zum Punkt LE 13 am unteren Rippenbogen.

Den Kopf strecken und den Nacken zurückziehen.

Die Augen schauen auf und nieder und nach rechts und links.

Für 3-5 Min.

Fördert den Qi- und Blutfluß des ganzen Verdauungssystems und der Augenmuskulatur.

Hirsch Position.

Den linken Fuß nach vorne setzen, den rechten Fuß zurücksetzen. Knie anwinkeln.

Die Zehen in den Boden krallen. Das Gewicht in die Mitte verlagern.

Mittel-Zeige-und Ringfinger einknicken. Die Daumen über den Ohren an den Kopf legen. Kopf strecken, Kinn zurücknehmen.

3-5 Min.

Wirkt auf die Verdauung, die Lunge, auf die Yin und Yang Balance. Verstärkt die Gehirnenergie.

Bär Position.

Leichte Grätsche, Knie leicht gebeugt. Die Zehen krallen sich in den Boden.

Bärenklauen bilden, die Finger zusammen. Die Arme in den Ellbogen beugen und die Bärenklauen, nach vorne gerichtet, neben die Schultern halten.

Kinn zurücknehmen.

Gut für die Halswirbelsäule und die Gehirnenergie.

Tiger Position.

Den linken Fuß weit nach vorne setzen, sodass der Oberschenkel horizontal steht.

Die Zehen in den Boden krallen. Das Gewicht ganz leicht nach vorne verlagern.

Tigerklauen bilden. Die linke Klaue, mit der Handfläche nach vorne, vor das Gesicht halten. Die rechte mit dem Daumen an die rechte Gürtellinie legen, die Handinnenfläche nach unten gerichtet. Yin Energie wird gesammelt, Qi fließt in den Gürtelmeridian(Daimai).

Augen weit öffnen. Durch die Tigerklaue schauen.

Stärkt den Körper, die Qi Aufnahme , die inneren Organe und den Qi Fluss in den 12 Meridianen.

Kranich Position.

Den linken Fuß nur auf den Zehenspitzen aufsetzen. Das Gewicht etwas nach rechts verlagern, aber auch auf die vorderen Zehenspitzen, die Knie anwinkeln. Der Qi Fluss der Beine wird verstärkt.

Den Oberkörper leicht nach vorne beugen. Hände und Arme locker im Kreis nach vorne. Wie zwei Flügel die der Kranich nach vorne hält. Fingerspitzen gegeneinander und nach unten gerichtet. Qi wird in den Händen gesammelt und fließt weiter in den Brustkorb

Kopf vorstrecken und Kinn nach oben.

3-5 Min.